1학년 1학기
급수표

받아쓰기

스쿨존에듀
SCHOOLZONE

1학년 1학기 급수표 받아쓰기

ISBN 979-11-92878-35-5 63710 ‖ **초판 1쇄 펴낸날** 2024년 12월 30일

펴낸이 정혜옥 ‖ **기획** 컨텐츠연구소 수(秀)

표지디자인 twoesdesign.com ‖ **내지디자인** 이지숙

홍보 마케팅 최문섭 ‖ **편집** 연유나, 이은정 ‖ **편집지원** 소노을

펴낸곳 스쿨존에듀 ‖ **출판등록** 2021년 3월 4일 제 2021-000013호

주소 04779 서울시 성동구 뚝섬로 1나길 5(헤이그라운드) 7층

전화 02)929-8153 ‖ **팩스** 02)929-8164 ‖ **E-mail** goodinfobooks@naver.com

블로그 blog.naver.com/schoolzoneok

스마트스토어 smartstore.naver.com/goodinfobooks

■ 스쿨존에듀(스쿨존)는 굿인포메이션의 자회사입니다. ■ 잘못된 책은 본사나 구입하신 서점에서 바꾸어 드립니다.

도서출판 스쿨존에듀(스쿨존)는 교사, 학부모님들의 소중한 의견을 기다립니다. 책 출간에 대한 기획이나 원고가 있으신 분은 이메일 goodinfobooks@naver.com으로 보내주세요.

초등학교 입학 후 첫 도전, 받아쓰기 시험

받아쓰기 급수표! 정답 다 알려주고 치르는 시험이지만 아이도 엄마도 여간 떨리는 게 아닙니다. 첫 시험이니까요. 어떻게 공부하면 받아쓰기 시험에서 만점을 받을 수 있을까요? 점수 자체가 중요해서라기보다 태어나 처음 치르는 학교시험이라는 점에서 높은 점수는 아이의 자존감을 살리고 학교생활에 자신감을 불어넣어 줍니다. 그러니 이왕 치르는 시험, 잘 준비하여 좋은 점수 받으면 좋겠지요? 집에서 조금만 신경을 써 줘도 큰 효과를 볼 수 있습니다.

학교에서 받아쓰기 급수표를 나누어주는 이유가 무엇인지 생각해 보아요. 집에서 연습하고 오라는 뜻입니다. 그렇다면 이 급수표를 어떻게 활용하면 좋을까요? 제대로 익히는 과정 없이 곧바로 불러주면 아이에게 부담줄 수 있으니 단계적으로 연습시켜야 해요. <1-1 급수표 받아쓰기>는 학교에서 나눠주는 '급수표'에 초점을 맞추어 숙련된 엄마표 방식을 덧붙였습니다. 이런 방식으로 시켜 보니 아이도 재밌어하고 받아쓰기 시험도 만만해졌답니다.

교과과정의 시스템을 따라가며 집에서 보완하는 공부가 진정한 엄마표 홈스쿨링의 목표인 만큼 아이들이 적극적으로 참여하도록 재미있는 놀이터와 소리내어 읽기, 따라쓰기를 반복하면서 철자가 자연스럽게 몸에 밸 수 있도록 구성하였습니다.

일러두기

- 1-1 국어 교과서에서 선별했습니다.
- <큰소리로 읽고> <여러 번 쓰고> <연습시험을 보는> 기본 3단 형태
- 학교 선생님들이 주시는 받아쓰기 급수표 참조, 가장 자주 나오는 유형을 모았어요.
- 가장 많이 사용하는 15급 기준! 단원별로 주 1회 받아쓰기를 대비해요.
- 읽기 4번, 쓰기 3번을 권하지만 무리하지는 마세요. 재밌고 쉽게 하는 게 원칙이에요.
- 받아쓰기를 보지 않거나 줄여서 보는 학교도 있어요. 그래도 익혀두면 좋겠지요?
- 칭찬은 많이, 구체적으로! 칭찬은 없던 자신감도 생기게 해요.

맞춤법 공부는 이렇게 해요~ 스르륵스르륵!

"한글 맞춤법은 표준어를 소리 나는 대로 적되, 어법에 맞게 함을 원칙으로 한다." (한글맞춤법 총칙 제1항)

받아쓰기와 맞춤법 공부는 떼놓을 수 없는 단짝이지요. 힘겹게 연필을 쥐고, 더듬더듬 읽고, 자기도 알아볼 수 없는 글자를 쓰는 어린 아이들에게 맞춤법까지 잘하라 하기에는 너무 가혹합니다. 소리와 다른 철자, 아무리 외워도 헷갈리는 띄어쓰기, 요상하게 생긴 문장부호 등은 외우는 데도 한계가 있습니다. 아이들이 틀린다고 나무라지 마세요. 자꾸 반복해 읽고, 보고, 들으며 공부하는 수밖에 없습니다.

우리말에는 소리와 생김새가 같은 말도 있지만, '국어'(구거)처럼 소리와 생김새가 다른 말도 많고, '내' / '네'처럼 소리는 같지만 뜻이 다른 경우들도 많이 있습니다. 아래 표 속의 어휘들이 그런 예입니다. 부모님들이 읽고 설명해 주세요.

【받침이 넘어가서 소리나는 경우】	【서로 닮아가며 소리나는 경우】
꽃이 ➡ 꼬치	공룡 ➡ 공뇽
꽃놀이 ➡ 꼰노리	설날 ➡ 설랄
꽃다발 ➡ 꼳따발	앞마당 ➡ 암마당
악어 ➡ 아거	앞머리 ➡ 암머리
어린이 ➡ 어리니	국물 ➡ 궁물
지갑에 ➡ 지가베	
웃어요 ➡ 우서요	
【받침이 2개인 경우】	【글자와 다르게 소리나는 경우】
많다 ➡ 만타	손등 ➡ 손뜽
맑다 ➡ 막따	눈사람 ➡ 눈싸람
여덟 ➡ 여덜	해돋이 ➡ 해도지
앓다 ➡ 알타	같이 ➡ 가치
밝았다 ➡ 발갇따	묻히다 ➡ 무치다
넓어서 ➡ 널버서	등받이 ➡ 등바지
끓여서 ➡ 끄려서	

아래 표는 소리도 생긴 것도 비슷하지만 다르게 쓰는 사례예요. 어쩔 수 없이 외워야 하죠. 자주 보고 읽다 보면 문장 속에서 어떻게 쓰이는지 자연스럽게 익히게 된답니다. 헷갈리기 쉬운 말, 사이시옷이 들어가는 낱말 등도 계속 읽고 쓰며 반복하다 보면 익혀지니 겁먹지 마세요.

발음이 비슷하지만 뜻은 다른 말	낳다/낫다/낮다 짓다/짖다 짚다/집다 맡다/맞다 섞다/썩다 갖다/같다/갔다
모양이 비슷해서 헷갈리는 말	왠-/웬- 며칠/몇일(×) 알맞은/알맞는(×) 윗-/웃- 없다/업다/엎다
사이시옷이 들어가는 낱말	나뭇잎/냇가/바닷가/노랫말/등굣길/하굣길/빗소리
쉽게 틀리는 낱말	육개장/떡볶이/찌개/희한하다/얘들아/얘기
자주 헷갈리는 낱말	비로소(비로서×)/아무튼(아뭏든×) /덥석(덥썩×)

컨텐츠연구소 수(秀)

자음자, 모음자를 읽으며 바르게 써 보세요.

ㄱ	ㄱ	ㄱ	ㄱ
ㄴ	ㄴ	ㄴ	ㄴ
ㄷ	ㄷ	ㄷ	ㄷ
ㄹ	ㄹ	ㄹ	ㄹ
ㅁ	ㅁ	ㅁ	ㅁ
ㅂ	ㅂ	ㅂ	ㅂ
ㅅ	ㅅ	ㅅ	ㅅ
ㅇ	ㅇ	ㅇ	ㅇ
ㅈ	ㅈ	ㅈ	ㅈ
ㅊ	ㅊ	ㅊ	ㅊ
ㅋ	ㅋ	ㅋ	ㅋ
ㅌ	ㅌ	ㅌ	ㅌ

ㅍ	ㅍ	ㅍ	ㅍ
ㅎ	ㅎ	ㅎ	ㅎ
ㅏ	ㅏ	ㅏ	ㅏ
ㅑ	ㅑ	ㅑ	ㅑ
ㅓ	ㅓ	ㅓ	ㅓ
ㅕ	ㅕ	ㅕ	ㅕ
ㅗ	ㅗ	ㅗ	ㅗ
ㅛ	ㅛ	ㅛ	ㅛ
ㅜ	ㅜ	ㅜ	ㅜ
ㅠ	ㅠ	ㅠ	ㅠ
ㅡ	ㅡ	ㅡ	ㅡ
ㅣ	ㅣ	ㅣ	ㅣ

자음과 모음을 연결해 읽으며 바르게 써 보세요.

	ㅏ	ㅑ	ㅓ	ㅕ	ㅗ	ㅛ	ㅜ	ㅠ	ㅡ	ㅣ
ㄱ	가	갸	거	겨	고	교	구	규	그	기
ㄴ	나	냐	너	녀	노	뇨	누	뉴	느	니
ㄷ	다	댜	더	뎌	도	됴	두	듀	드	디
ㄹ	라	랴	러	려	로	료	루	류	르	리
ㅁ	마	먀	머	며	모	묘	무	뮤	므	미
ㅂ	바	뱌	버	벼	보	뵤	부	뷰	브	비
ㅅ	사	샤	서	셔	소	쇼	수	슈	스	시
ㅇ	아	야	어	여	오	요	우	유	으	이
ㅈ	자	쟈	저	져	조	죠	주	쥬	즈	지
ㅊ	차	챠	처	쳐	초	쵸	추	츄	츠	치
ㅋ	카	캬	커	켜	코	쿄	쿠	큐	크	키
ㅌ	타	탸	터	텨	토	툐	투	튜	트	티
ㅍ	파	퍄	퍼	펴	포	표	푸	퓨	프	피
ㅎ	하	햐	허	혀	호	효	후	휴	흐	히

1학년 1학기 받아쓰기 급수표

(1급) 1단원 글자를 만들어요

1. 귀
2. 왜
3. 나 무 야
4. 모 래
5. 열 쇠
6. 무 지 개
7. 고 기
8. 아 프 지
9. 누 워 서
10. 훼 손

(2급) 1단원 글자를 만들어요

1. 혀
2. 파
3. 최 고
4. 이 마
5. 그 네
6. 무 늬
7. 다 리
8. 얘 들 아
9. 자 거 라
10. 꿰 매 다

(3급) 2단원 받침이 있는 글자를 읽어요

1. 옷
2. 꿈
3. 상 장
4. 다 닥 다 닥
5. 키 을
6. 숟 가 락
7. 파 랗 다
8. 강 아 지
9. 둥 둥
10. 새 싹

(4급) 2단원 받침이 있는 글자를 읽어요

1. 팥
2. 엿
3. 풍 덩
4. 바 람
5. 목 소 리
6. 큰   차
7. 바 동 바 동
8. 마 늘 밭
9. 나 들 이
10. 다 슬 기

(5급) 3단원 낱말과 친해져요

1. 엄 마
2. 꽃 밭
3. 창 문
4. 화 분
5. 언 덕
6. 줄 넘 기
7. 쨍 쨍
8. 징 검 다 리
9. 물 통
10. 안 경

(6급) 3단원 낱말과 친해져요

1. 이 쑤 시 개
2. 청 포 도
3. 동 물
4. 돌 다 리
5. 개 울
6. 쌩 쌩
7. 접 시
8. 뒤 뚱 뒤 뚱
9. 빨 간 색
10. 수 도 꼭 지

(7급) 4단원 여러 가지 낱말을 익혀요

1. 듣 다
2. 정 리 한 다 .
3. 맛 있 대 .
4. 산 책
5. 뜨 겁 다 .
6. 한   발 짝
7. 땅 따 먹 기
8. 덮 고
9. 읽 다
10. 소 풍

(8급) 4단원 여러 가지 낱말을 익혀요

1. 식 물 원
2. 만 지 다
3. 이 웃 집
4. 좋 아 해 .
5. 뜨 거 운
6. 못   살 아 .
7. 배 추 김 치
8. 후 루 룩
9. 자 두
10. 가 져 갈 까 ?

(9급) 5단원 반갑게 인사해요

1. 안녕 ?
2. 어서 오렴 .
3. 다녀왔습니다 .
4. 이웃집 아주머니
5. 벗어요 .
6. 월요일
7. 아파트
8. 학굣길에
9. 자신에게
10. 부딪쳤을 때

(10급) 5단원 반갑게 인사해요

1. 헤어지기 전에
2. 웃는 얼굴
3. 걸으며
4. 날아서
5. 실수했을 때
6. 바람이 불어요 .
7. 웃어른께
8. 만났을 때
9. 미안합니다 .
10. 수업이 끝나면

(11급) 6단원 또박또박 읽어요

1. 기뻐합니다 .
2. 물이 시원합니다 .
3. 개미가 기어갑니다 .
4. 여름이 되었습니다 .
5. 만세를 부릅니다 .
6. 시소를 탑니다 .
7. 완성했습니다 .
8. 손을 깨끗이
9. 어디든 갈 수 있어 !
10. 밤나무를 심자 .

(12급) 6단원 또박또박 읽어요

1. 더 컸었지 !
2. 내 필통 구경할래 ?
3. 그네를 탑니다 .
4. 탈을 쓴 사람이에요 .
5. 그럼 같이 하자 .
6. 편지를 씁니다 .
7. 불편했을 것 같아 .
8. 오르락내리락
9. 놀릴 거라고 했어 .
10. 코끼리가 꼈어요 .

(13급) 7단원 알맞은 낱말을 찾아요

1. 어디에 넣어요 ?
2. 알아듣기 어려워 .
3. 식탁을 닦습니다 .
4. 장미는 꽃입니다 .
5. 헤엄을 칩니다 .
6. 이렇게 많다니 !
7. 번쩍 솟아올랐지 .
8. 우주 끝까지 !
9. 무섭지 않아 .
10. 기다리고 있을게 !

(14급) 7단원 알맞은 낱말을 찾아요

1. 기차를 탑니다 .
2. 동그랗게
3. 낚시를 하십니다 .
4. 재채기를 합니다 .
5. 신발 끈을 묶다 .
6. 침대 위에 놓여
7. 수박을 자릅니다 .
8. 늑대가 찾아온단다 .
9. 걸음아 , 날 살려라 !
10. 밥을 차려 줄까 ?

(15급) 7단원 알맞은 낱말을 찾아요

1. 분홍색
2. 씩씩하고 기운찬 .
3. 신문을 봅니다 .
4. 잠을 잡니다 .
5. 옷걸이에 걸려
6. 나무 위에 앉아
7. 무엇을 넣어요 ?
8. 그릇에 담아 주세요 .
9. 궁금해졌어 .
10. 반하고야 말았어 .

★ 1급 1단원 **글자를 만들어요**

① 귀

② 왜

③ 나 무 야

④ 모 래

⑤ 열 쇠

⑥ 무 지 개

⑦ 고 기

⑧ 아 프 지

⑨ 누 워 서

⑩ 훼 손

읽었어요!			
①	②	③	④

공부한 날 _____ 월 _____ 일

❶ 귀

❷ 왜

❸ 나 무 야

❹ 모 래

❺ 열 쇠

⑥ 무 지 개

⑦ 고 기

⑧ 아 프 지

⑨ 누 워 서

⑩ 훼 손

놀이터

1~10까지 숫자를 따라 적고 열기구를 색칠해 보세요.

실천 Test

불러 주는 문장을 잘 듣고 받아 써 보세요.

번호	받아쓰기

칭찬해 주세요!	
잘했어요	최고예요

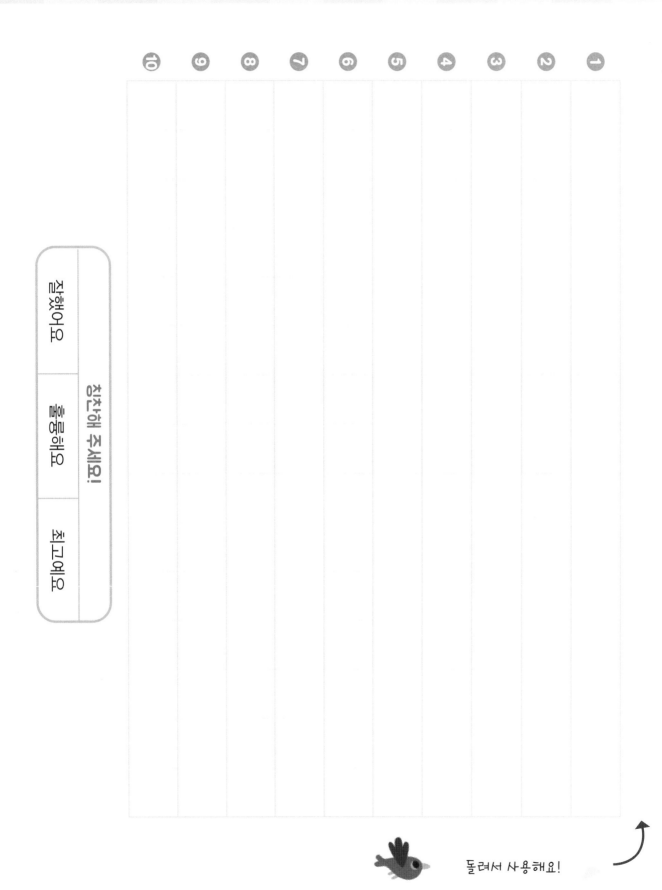

칭찬해 주세요!

잘했어요	훌륭해요	최고예요

돌려서 사용해요!

 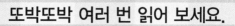
★ 2급 1단원 글자를 만들어요

❶	혀
❷	파
❸	최 고
❹	이 마
❺	그 네
❻	무 늬
❼	다 리
❽	애 들 아
❾	자 거 라
❿	꿰 매 다

읽었어요!

①	②	③	④

공부한 날 _____ 월 _____ 일

❶ 혀

❷ 파

❸ 최 고

❹ 이 마

❺ 그 네

❻ 무 늬

무 늬

❼ 다 리

다 리

❽ 애 들 아

애 들 아

❾ 자 거 라

자 거 라

❿ 꿰 매 다

꿰 매 다

글자를 읽고 따라 써 보세요.

불러 주는 문장을 잘 듣고 받아 써 보세요.

번호	받아쓰기
○	
○	
○	
○	
○	
○	
○	
○	
○	
○	
○	
○	
○	

칭찬해 주세요!	
잘했어요	최고예요

⑩ ⑨ ⑧ ⑦ ⑥ ⑤ ④ ③ ② ①

칭찬해 주세요!

| 잘했어요 | 훌륭해요 | 최고예요 |

돌려서 사용해요!

★ **3급** **2단원** **받침이 있는 글자를 읽어요**

① 옷

② 꿈

③ 상 장

④ 다 닥 다 닥

⑤ 키 을

⑥ 숟 가 락

⑦ 파 랗 다

⑧ 강 아 지

⑨ 둥 둥

⑩ 새 싹

읽었어요!			
①	②	③	④

공부한 날 _____ 월 _____ 일

❶ 옷

❷ 꿈

❸ 상 장

❹ 다 닥 다 닥

❺ 키 읔

⑥ 숟 가 락

⑦ 파 랗 다

⑧ 강 아 지

⑨ 둥 둥

⑩ 새 싹

애벌레가 씨앗을 먹을 수 있도록 길을 찾아가 보세요.

도착

실천 Test
3급

불러 주는 문장을 잘 듣고 받아 써 보세요.

번호	받아쓰기
○	
○	
○	
○	
○	
○	
○	
○	
○	
○	
○	
○	
○	

칭찬해 주세요!	
잘했어요	최고예요

가로노트 연습

불러 주는 문장을 잘 듣고 받아 써 보세요.

⑩ ⑨ ⑧ ⑦ ⑥ ⑤ ④ ③ ② ①

칭찬해 주세요!

| 잘했어요 | 훌륭해요 | 최고예요 |

돌려서 사용해요!

또박또박 여러 번 읽어 보세요.

★ **4급** **2단원** **받침이 있는 글자를 읽어요**

1. 팥
2. 엿
3. 풍 덩
4. 바 람
5. 목 소 리
6. 큰   차
7. 바 동 바 동
8. 마 늘 밭
9. 나 들 이
10. 다 슬 기

읽었어요!			
①	②	③	④

공부한 날 _____ 월 _____ 일

❶ 팥

❷ 엿

❸ 풍 덩

❹ 바 람

❺ 목 소 리

⑥ 큰　차

⑦ 바 동 바 동

⑧ 마 늘 밭

⑨ 나 들 이

⑩ 다 슬 기

놀이터

숫자를 순서대로 연결하고 색칠해 보세요.

불러 주는 문장을 잘 듣고 받아 써 보세요.

번호	받아쓰기
○	
○	
○	
○	
○	
○	
○	
○	
○	
○	
○	
○	

칭찬해 주세요!	
잘했어요	최고예요

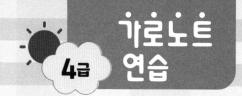
불러 주는 문장을 잘 듣고 받아 써 보세요.

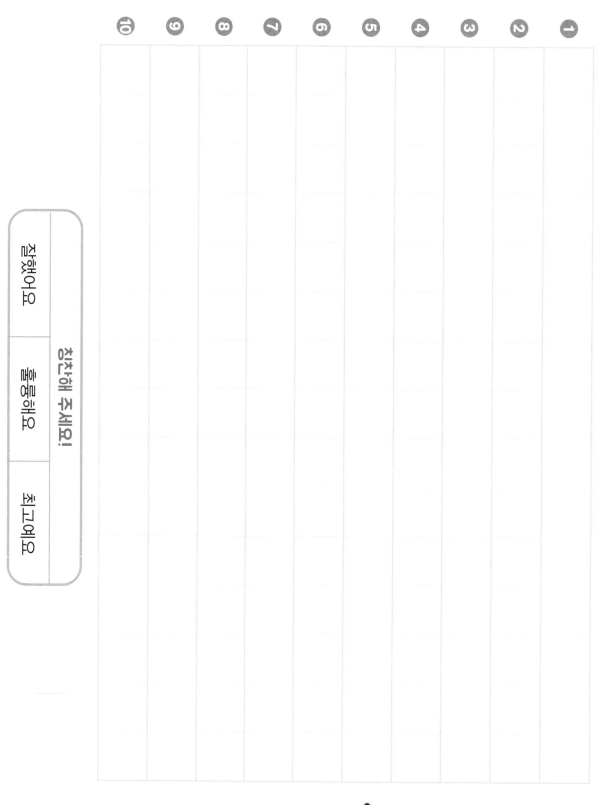

참 잘했어요 훌륭해요 최고예요

참 잘해 주세요!

돌려서 사용해요!

★ 5급 3단원 낱말과 친해져요

① 엄 마
② 꽃 밭
③ 창 문
④ 화 분
⑤ 언 덕
⑥ 줄 넘 기
⑦ 쨍 쨍
⑧ 징 검 다 리
⑨ 물 통
⑩ 안 경

읽었어요!

| ① | ② | ③ | ④ |

공부한 날 _____ 월 _____ 일

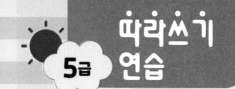
❶ 엄 마

❷ 꽃 밭

❸ 창 문

❹ 화 분

❺ 언 덕

⑥ 줄 넘 기

⑦ 쨍 쨍

⑧ 징 검 다 리

⑨ 물 통

⑩ 안 경

왼쪽 그림에 맞는 그림자를 찾아 연결해 보세요.

불러 주는 문장을 잘 듣고 받아 써 보세요.

번호	받아쓰기
○	
○	
○	
○	
○	
○	
○	
○	
○	
○	
○	
○	
○	

칭찬해 주세요!	
잘했어요	최고예요

불러 주는 문장을 잘 듣고 받아 써 보세요.

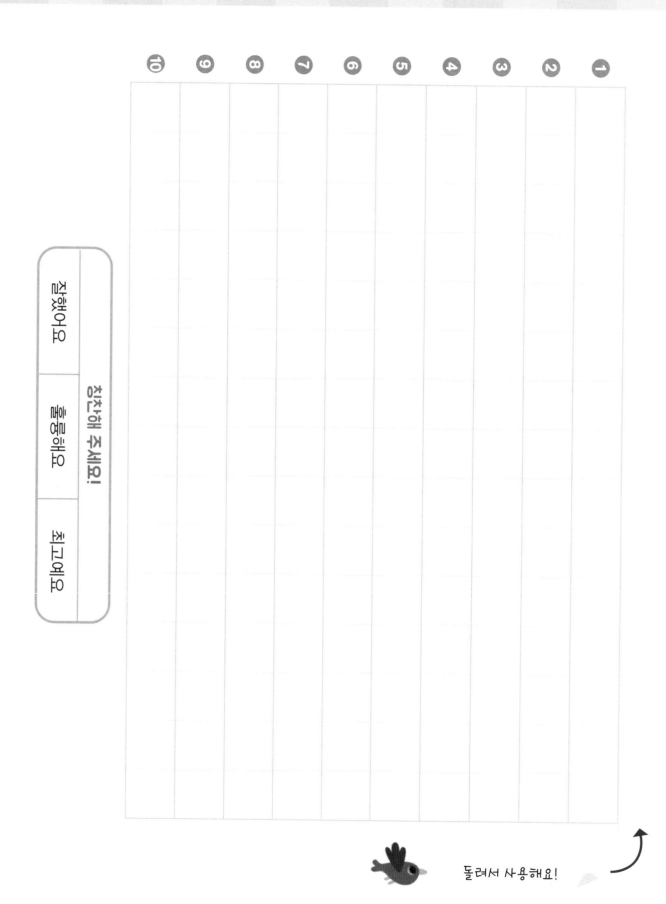

칭찬해 주세요!

| 잘했어요 | 훌륭해요 | 최고예요 |

돌려서 사용해요!

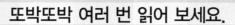
★ 6급 3단원 **낱말과 친해져요**

❶	이 쑤 시 개
❷	청 포 도
❸	동 물
❹	돌 다 리
❺	개 울
❻	쌩 쌩
❼	접 시
❽	뒤 뚱 뒤 뚱
❾	빨 간 색
❿	수 도 꼭 지

읽었어요!

①	②	③	④

공부한 날 _____월 _____일

바른 자세로 하나하나 따라 써 보세요.

① 이 쑤 시 개

이 쑤 시 개

② 청 포 도

청 포 도

③ 동 물

동 물

④ 돌 다 리

돌 다 리

⑤ 개 울

개 울

⑥ 쌩 쌩

⑦ 접 시

⑧ 뒤 뚱 뒤 뚱

⑨ 빨 간 색

⑩ 수 도 꼭 지

과일 안 숫자를 더해 보세요.

$5 + 3 = $ ☐

$1 + 2 = $ ☐

$3 + 3 = $ ☐

유아큐큐 8, 3, 6

번호	받아쓰기
○	
○	
○	
○	
○	
○	
○	
○	
○	
○	
○	
○	
○	

칭찬해 주세요!	
잘했어요	최고예요

⑩ ⑨ ⑧ ⑦ ⑥ ⑤ ④ ③ ② ①

참 잘했어요

참 훌륭해요

참 최고예요

참 칭찬해 주세요!

돌려서 사용해요!

46

★ 7급 4단원 여러 가지 낱말을 익혀요

① 듣다
② 정리한다.
③ 맛있대.
④ 산책
⑤ 뜨겁다.
⑥ 한 발짝
⑦ 땅따먹기
⑧ 덮고
⑨ 읽다
⑩ 소풍

읽었어요!			
①	②	③	④

공부한 날 _____ 월 _____ 일

❶ 듣 다

❷ 정 리 한 다 .

❸ 맛 있 대 .

❹ 산 책

❺ 뜨 겁 다 .

⑥ 한　발짝

⑦ 땅따먹기

⑧ 덮고

⑨ 읽다

⑩ 소풍

카멜레온을 색칠해 보세요.

카멜레온을 색칠해 보세요.

불러 주는 문장을 잘 듣고 받아 써 보세요.

번호	받아쓰기

칭찬해 주세요!	
잘했어요	최고예요

① ② ③ ④ ⑤ ⑥ ⑦ ⑧ ⑨ ⑩

칭찬해 주세요!

잘했어요	훌륭해요	최고예요

돌려서 사용해요!

★ 8급 4단원 **여러 가지 낱말을 익혀요**

❶ 식 물 원
❷ 만 지 다
❸ 이 웃 집
❹ 좋 아 해 .
❺ 뜨 거 운
❻ 못 살 아 .
❼ 배 추 김 치
❽ 후 루 룩
❾ 자 두
❿ 가 져 갈 까 ?

읽었어요!			
①	②	③	④

공부한 날 _____월 _____일

❶ 식 물 원

식 물 원

❷ 만 지 다

만 지 다

❸ 이 웃 집

이 웃 집

❹ 좋 아 해 .

좋 아 해 .

❺ 뜨 거 운

뜨 거 운

⑥ 못 살아.

⑦ 배추김치

⑧ 후루룩

⑨ 자두

⑩ 가져갈까 ?

헤엄치는 모습을 상상하며 선을 그려 보세요.

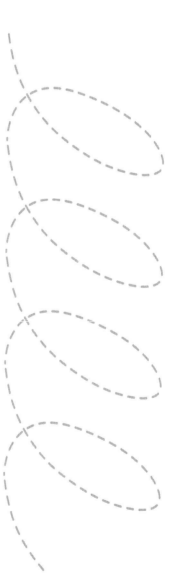

번호	받아쓰기

칭찬해 주세요!

잘했어요	최고예요

⑩ ⑨ ⑧ ⑦ ⑥ ⑤ ④ ③ ② ①

참 잘했어요

칭찬해 주세요!

훌륭해요

최고예요

돌려서 사용해요!

★ 9급 5단원 반갑게 인사해요

① 안녕?
② 어서 오렴.
③ 다녀왔습니다.
④ 이웃집 아주머니
⑤ 벗어요.
⑥ 월요일
⑦ 아파트
⑧ 학굣길에
⑨ 자신에게
⑩ 부딪쳤을 때

읽었어요!			
①	②	③	④

공부한 날 _____월 _____일

바른 자세로 하나하나 따라 써 보세요.

➊ 안 녕 ?

➋ 어 서   오 렴 .

➌ 다 녀 왔 습 니 다 .

➍ 이 웃 집   아 주 머 니

➎ 벗 어 요 .

⑥ 월 요 일

⑦ 아 파 트

⑧ 학 굣 길 에

⑨ 자 신 에 게

⑩ 부 딪 쳤 을 　 때

장소와 관련된 낱말을 읽고 따라 써 보세요.

9급

실천 Test

불러 주는 문장을 잘 듣고 받아 써 보세요.

번호	받아쓰기
○	
○	
○	
○	
○	
○	
○	
○	
○	
○	
○	
○	
○	

칭찬해 주세요!	
잘했어요	최고예요

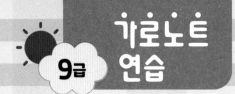

가로노트 연습

불러 주는 문장을 잘 듣고 받아 써 보세요.

⑩ ⑨ ⑧ ⑦ ⑥ ⑤ ④ ③ ② ①

칭찬해 주세요!

잘했어요 훌륭해요 최고예요

돌려서 사용해요!

★ 10급 5단원 **반갑게 인사해요**

① 헤어지기 전에
② 웃는 얼굴
③ 걸으며
④ 날아서
⑤ 실수했을 때
⑥ 바람이 불어요.
⑦ 웃어른께
⑧ 만났을 때
⑨ 미안합니다.
⑩ 수업이 끝나면

읽었어요!			
①	②	③	④

공부한 날 _____ 월 _____ 일

❶ 헤 어 지 기   전 에

헤 어 지 기   전 에

❷ 웃 는   얼 굴

웃 는   얼 굴

❸ 걸 으 며

걸 으 며

❹ 날 아 서

날 아 서

❺ 실 수 했 을   때

실 수 했 을   때

⑥ 바람이 불어요.

⑦ 웃어른께

⑧ 만났을 때

⑨ 미안합니다.

⑩ 수업이 끝나면

왼쪽 동물들의 발자국 모양을 찾아보세요.

불러 주는 문장을 잘 듣고 받아 써 보세요.

번호	받아쓰기
○	
○	
○	
○	
○	
○	
○	
○	
○	
○	
○	

칭찬해 주세요!	
잘했어요	최고예요

불러 주는 문장을 잘 듣고 받아 써 보세요.

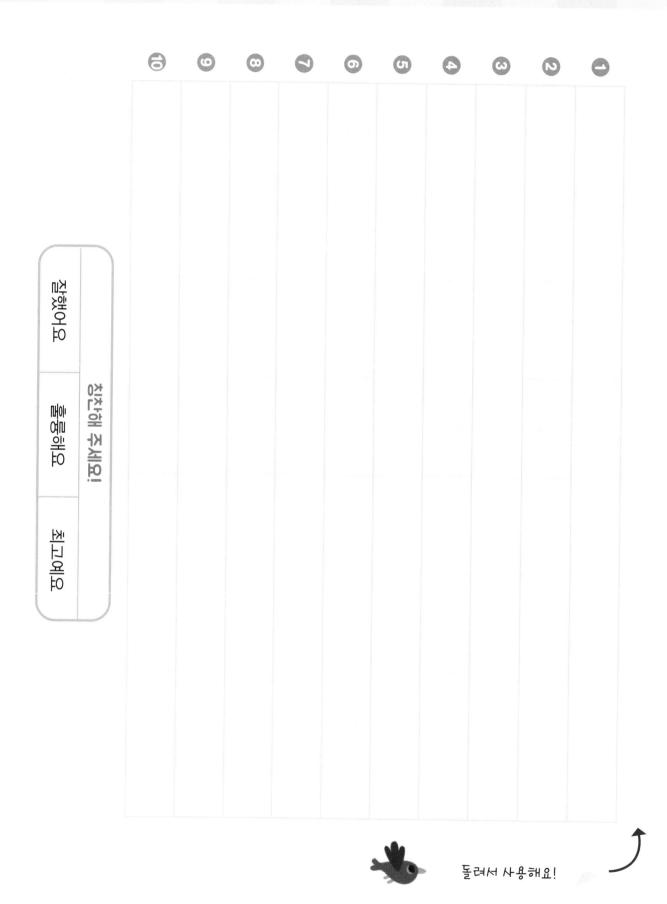

① ② ③ ④ ⑤ ⑥ ⑦ ⑧ ⑨ ⑩

칭찬해 주세요!

잘했어요
훌륭해요
최고예요

돌려서 사용해요!

★ 11급 6단원 **또박또박 읽어요**

❶ 기뻐합니다.

❷ 물이 시원합니다.

❸ 개미가 기어갑니다.

❹ 여름이 되었습니다.

❺ 만세를 부릅니다.

❻ 시소를 탑니다.

❼ 완성했습니다.

❽ 손을 깨끗이

❾ 어디든 갈 수 있어!

❿ 밤나무를 심자.

읽었어요!

| ① | ② | ③ | ④ |

공부한 날 _____월 _____일

① 기뻐합니다.

기뻐합니다.

② 물이 시원합니다.

물이 시원합니다.

③ 개미가 기어갑니다.

개미가 기어갑니다.

④ 여름이 되었습니다.

여름이 되었습니다.

⑤ 만세를 부릅니다.

만세를 부릅니다.

⑥ 시소를 탑니다.

⑦ 완성했습니다.

⑧ 손을 깨끗이

⑨ 어디든 갈 수 있어!

⑩ 밤나무를 심자.

토끼가 당근을 먹을 수 있게 길을 찾아가 보세요.

불러 주는 문장을 잘 듣고 받아 써 보세요.

번호	받아쓰기
◯	
◯	
◯	
◯	
◯	
◯	
◯	
◯	
◯	
◯	
◯	
◯	
◯	
◯	

칭찬해 주세요!	
잘했어요	최고예요

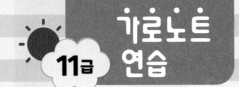

불러 주는 문장을 잘 듣고 받아 써 보세요.

⑩ ⑨ ⑧ ⑦ ⑥ ⑤ ④ ③ ② ①

참 잘했어요

참 잘했어요!

훌륭해요

최고예요

돌려서 사용해요!

★ 12급 6단원 **또박또박 읽어요**

1. 더 컸었지!
2. 내 필통 구경할래?
3. 그네를 탑니다.
4. 탈을 쓴 사람이에요.
5. 그럼 같이 하자.
6. 편지를 씁니다.
7. 불편했을 것 같아.
8. 오르락내리락
9. 놀릴 거라고 했어.
10. 코끼리가 겼어요.

읽었어요!

①	②	③	④

공부한 날 _____월 _____일

① 더 컸었지!

② 내 필통 구경할래?

③ 그네를 탑니다.

④ 탈을 쓴 사람이에요.

⑤ 그럼 같이 하자.

⑥ 편지를 씁니다.

⑦ 불편했을 것 같아.

⑧ 오르락내리락

⑨ 놀릴 거라고 했어.

⑩ 코끼리가 껐어요.

둥지 안에 몇 마리의 아기 새가 있는지 연결해 보세요.

불러 주는 문장을 잘 듣고 받아 써 보세요.

번호	받아쓰기
○	
○	
○	
○	
○	
○	
○	
○	
○	
○	
○	
○	
○	

칭찬해 주세요!	
잘했어요	최고예요

⑩ ⑨ ⑧ ⑦ ⑥ ⑤ ④ ③ ② ①

칭찬해 주세요!

| 참 잘했어요 | 훌륭해요 | 최고예요 |

돌려서 사용해요!

또박또박 여러 번 읽어 보세요.

★ **13급** **7단원** **알맞은 낱말을 찾아요**

① 어디에 넣어요?

② 알아듣기 어려워.

③ 식탁을 닦습니다.

④ 장미는 꽃입니다.

⑤ 헤엄을 칩니다.

⑥ 이렇게 많다니!

⑦ 번쩍 솟아올랐지.

⑧ 우주 끝까지!

⑨ 무섭지 않아.

⑩ 기다리고 있을게!

읽었어요!			
①	②	③	④

공부한 날 _____ 월 _____ 일

① 어디에 넣어요?

② 알아듣기 어려워.

③ 식탁을 닦습니다.

④ 장미는 꽃입니다.

⑤ 헤엄을 칩니다.

⑥ 이렇게 많다니 !

⑦ 번쩍 솟아올랐지 .

⑧ 우주 끝까지 !

⑨ 무섭지 않아 .

⑩ 기다리고 있을게 !

반대되는 낱말을 찾아 연결해 보세요.

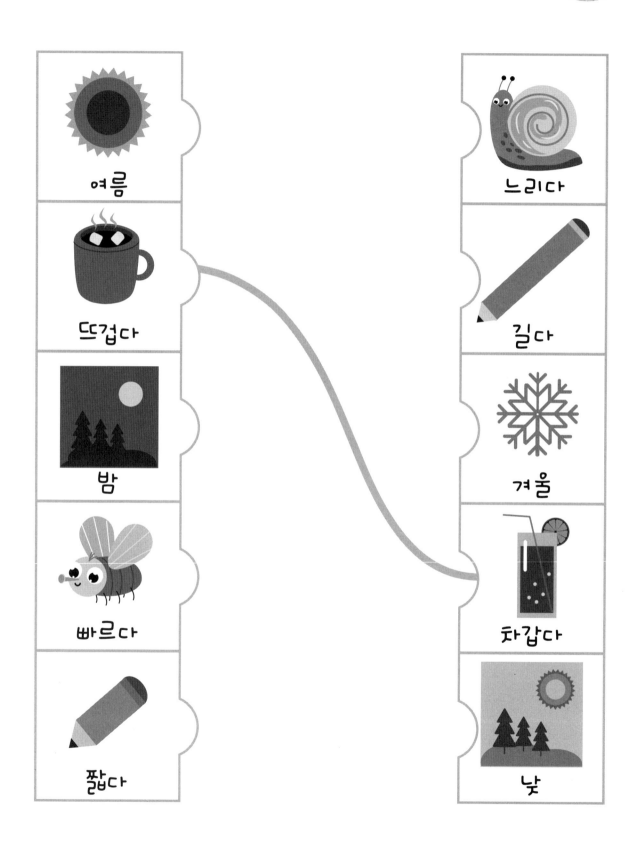

여름

뜨겁다

밤

빠르다

짧다

느리다

길다

겨울

차갑다

낮

불러 주는 문장을 잘 듣고 받아 써 보세요.

번호	받아쓰기
○	
○	
○	
○	
○	
○	
○	
○	
○	
○	
○	
○	

칭찬해 주세요!	
잘했어요	최고예요

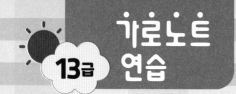
① ② ③ ④ ⑤ ⑥ ⑦ ⑧ ⑨ ⑩

칭찬해 주세요!

잘했어요	훌륭해요	최고예요

돌려서 사용해요!

88

★ 14급 7단원 알맞은 낱말을 찾아요

1. 기차를 탑니다.
2. 동그랗게
3. 낚시를 하십니다.
4. 재채기를 합니다.
5. 신발 끈을 묶다.
6. 침대 위에 놓여
7. 수박을 자릅니다.
8. 늑대가 찾아온단다.
9. 걸음아, 날 살려라!
10. 밥을 차려 줄까?

읽었어요!			
①	②	③	④

공부한 날 _____월 _____일

바른 자세로 하나하나 따라 써 보세요.

① 기차를 탑니다.

② 동그랗게

③ 낚시를 하십니다.

④ 재채기를 합니다.

⑤ 신발 끈을 묶다.

6 침대 위에 놓여

7 수박을 자릅니다.

8 늑대가 찾아온단다.

9 걸음아, 날 살려라!

10 밥을 차려 줄까?

우주 비행사를 색칠해 보세요.

불러 주는 문장을 잘 듣고 받아 써 보세요.

번호	받아쓰기
○	
○	
○	
○	
○	
○	
○	
○	
○	
○	
○	
○	
○	

칭찬해 주세요!	
잘했어요	최고예요

⑩ ⑨ ⑧ ⑦ ⑥ ⑤ ④ ③ ② ①

칭찬해 주세요!

| 잘했어요 | 훌륭해요 | 최고예요 |

돌려서 사용해요!

★ 15급 7단원 알맞은 낱말을 찾아요

1 분홍색
2 씩씩하고 기운찬.
3 신문을 봅니다.
4 잠을 잡니다.
5 옷걸이에 걸려
6 나무 위에 앉아
7 무엇을 넣어요?
8 그릇에 담아 주세요.
9 궁금해졌어.
10 반하고야 말았어.

읽었어요!			
①	②	③	④

공부한 날 _____월 _____일

① 분홍색

② 씩씩하고 기운찬.

③ 신문을 봅니다.

④ 잠을 잡니다.

⑤ 옷걸이에 걸려

⑥ 나무 위에 앉아

⑦ 무엇을 넣어요?

⑧ 그릇에 담아 주세요.

⑨ 궁금해졌어.

⑩ 반하고야 말았어.

시계들이 가리키는 시간을 찾아 연결해 보세요.

번호	받아쓰기
○	
○	
○	
○	
○	
○	
○	
○	
○	
○	
○	
○	
○	

칭찬해 주세요!	
잘했어요	최고예요

가로노트 연습

15급

불러 주는 문장을 잘 듣고 받아 써 보세요.

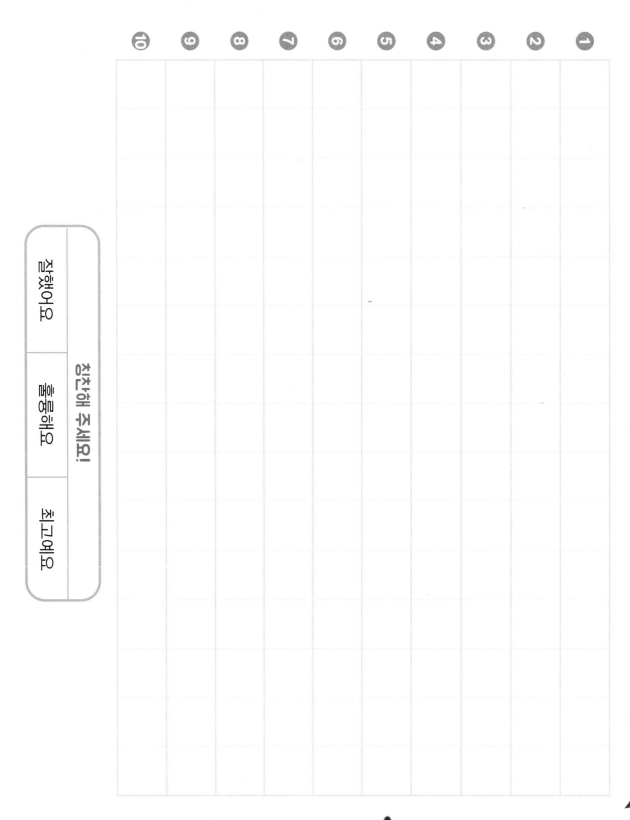

① ② ③ ④ ⑤ ⑥ ⑦ ⑧ ⑨ ⑩

칭찬해 주세요!

잘했어요	훌륭해요	최고예요

돌려서 사용해요!